CONFIESO HABER ALZADO EL VUELO

.

Primera edición: octubre de 2025

Del texto: © Álvaro Jesús Recacha Zaá

De esta edición: © Ediciones Pangea, 2025
41720 Los Palacios y Villafranca, Sevilla
www.edicionespangea.com

Edición al cuidado de José Peña Fierro
Diseño de cubierta: Darío Delos

ISBN: 979-13-990951-0-4
Depósito Legal: SE 2402-2025

Impresión: Ulzama Digital
Impreso en España / *Printed in Spain*

CONFIESO HABER ALZADO EL VUELO

Álvaro Jesús Recacha Zaá

EDICIONES PANGEA

A mis padres, por nunca cortarme las alas, por creer siempre en mí, por ser los pilares sobre los que he construido mi vida, por quererme tal y como soy, con mis aciertos y mis fallos, por darme la vida.

A mis hermanos, por estar siempre ahí, cada uno a su forma, pero siempre ahí.

A mi familia, porque no me imagino otra que no sea esta.

A mis amigos <como dice El Kanka, sabéis quiénes sois>, por darme otra perspectiva más risueña sobre la vida y por celebrar conmigo cada paso conseguido.

A mi amigo y editor José Peña Fierro, por darme de nuevo la oportunidad, por dejarme formar parte de su particular club de escritores y por abrazar con tanta ilusión mis sueños poéticos.

A mí, por levantarme tras cada caída, por tener paciencia y resiliencia, por encontrar mi ikigai mediante los versos, por enfrentarme de nuevo desnudo al mundo, por perderme y volver a encontrarme, por apreciar cada paso del camino <y de la vida>, por aceptarme como soy y trabajar en aquello que puedo mejorar.

PRÓLOGO

Voy a ser honesto contigo <sí, contigo, que me estás leyendo>. Nunca he llegado a volar, ni siquiera tengo alas, pero no niego que me encantaría a veces ser uno de esos pájaros que cruzan el cielo jugueteando con las nubes y los atardeceres. Sin embargo, que no tenga alas en mi cuerpo no significa que no pueda volar, porque volar no significa alzar únicamente tu cuerpo del suelo <ahora me entenderás>.

Ahora que me he sincerado, me gustaría decirte que durante ese trayecto que tiene una fecha de caducidad predefinida <la vida>, he compartido momentos con corazones tan bellos y tan únicos como la estampa que nos ofrece el cielo cada día con su atardecer.

No te lo niego, me he enamorado, me han herido <he herido>, he pedido perdón, he tocado el suelo, he logrado salir de un pozo negro de dolor… Me he encontrado de nuevo en el espejo, me he vuelto a ilusionar, me han besado <he besado>, he vivido, he compartido momentos, he dado y me han regalado momentos.

Sin más pretensión que abrirme el pecho de nuevo en canal con mi pluma y dejar que los poemas broten como un río por estas páginas, te dejo lo que ha sido mi vuelo, porque sí, sí que he volado, algunas veces solo y otras en compañía <y de ninguna de ellas me arrepiento>.

Mi vuelo comenzó, como todos, con un despegue. Una vez alzado el vuelo, al igual que un pájaro, planeé buscando momentos únicos. Tras un tiempo, pausé y comencé el vuelo estacionario desafiando al viento. Después, llegó el paracaidismo, besé el suelo, remendé mis alas y comencé a alzar el vuelo. Todas las etapas vividas conforman *Confieso haber alzado el vuelo*, junto a otros poemas a los que les puse alas.

¿Te atreves a volar? Ven conmigo, que te enseño.

ÁLVARO JESÚS RECACHA ZAÁ

DESPEGUE

No sabía dar un paso y me ataron con cadenas,
no sabía dar un paso y ya quería volar,
pero me topé de frente con la cruda realidad,
me cortaron las dos alas
antes de empezar yo a andar.

DAVID PALOMAR

Al igual que a caminar se aprende caminando,
a volar se aprende volando.

Todo es práctica,
subir,
bajar,
mantenerse en el aire,
juguetear con las nubes,
besar el suelo…

¿Cómo voy a volar
si solo soy un corazón encadenado a la tierra?

¿Qué hay más allá de las nubes?

¿Y si intento volar y no puedo?

¿Qué se siente al volar por primera vez
<con un beso,
una caricia
o un te quiero…>?

Creo que estoy preparado para eso de ~~amar~~ volar.

Le amarré dos alas a mi corazón y lo eché a volar…

Hasta que aguanten las alas, supongo.

A(mar)

Idas y vueltas continuas
al lugar que decías que era capaz
de cicatrizar tus heridas,

                                    el mar.

Ahí andabas,
agarrando la arena como si fuera
granos de esperanza,
coleccionando recuerdos en forma de caracola
y divagando entre las dudas de tu mente
<que iban y venían como las olas del mar>.

Como certeza,
                            el (a)mar sana.

El amor no se busca,
el amor te encuentra

El amor no se busca,
el amor te encuentra.

He vivido muchos tipos de amores.

Amores venideros con una despedida en las manos,

amores calados de dudas hasta los huesos,

amores abrazados por corazones congelados,

amores enjaulados,

amores con miedo al temblor,

amores de paso <nunca destino>.

A veces,
los amores se marchan tan rápido
que solo duran un instante.

Pero tú
decidiste quedarte dos estaciones completas,
y yo
lo recordaré toda la vida,
porque no hubo flor más bella
en esa <bonita> primavera que me regalabas.

Libre de jaulas

A veces,
el amor
llega a través del silencio
más profundo,
sin hacer ruido,
sin esperarlo.
Cuando te quieres dar cuenta,
lo que corre por tus venas
ya no solo es tu propia sangre...

Otras,
atraviesa tu piel
como un huracán,
y después de todo,
solo queda un silencio aterrador,
un cuerpo desmembrado
ensangrentado de pasión.

Por mucho que tratemos de esperarlo,
de mimarlo,
de apresarlo,
el amor es libre,
no entiende ni de jaulas
ni de cadenas,
entra y sale cuando quiere,
y casi siempre,
deja una cicatriz
en el cuerpo.

Rara vez lo elegimos nosotros,
aunque creamos que sí.

Quiero ser

Quiero ser todo aquello
que durante tanto tiempo guardé.

Quiero ser ganas de vivir,
herida ya sanada que ansía florecer,
pasión desmedida que busca estallar,
latido que anhela un alma a compás,
aire que baila bajo la cometa de la libertad,
verdad que no quiere callar.

Quiero ser aquello
que durante tanto tiempo quise ser:
yo mismo.

PLANEO

Para que todo siempre empiece.
Todo lo que empieza en algún momento deja de existir.
Por eso hay que vivir sin pernernos nada.
Desvelados, sin pestañear,
así como las ventanas se desvelan para recibir al sol,
hasta que el corazón explote,
hasta que nos tengan que sacar de la fiesta,
hasta que se nos olvide que las cosas se acaban.
Para que nunca sea siempre.
Para que seamos infinitos.

RESIDENTE

<Hasta que las alas aguanten>.
No supimos volar <ni amar> de otra forma.

Desde aquella noche,
nuestros cuerpos deseaban planear <juntos>.

Desde el comienzo,
sabíamos que todo lo que empieza
un día acabaría.

~~Para siempre.~~
Hasta que dure el amor.

A sabiendas de que todo terminaría,
decidimos emprender este vuelo
tan bonito, tan necesario y tan gratificante
<salvo el final> para ambos.

Volamos como vuelan las golondrinas y los vencejos
en los atardeceres
<tratando de encontrar la belleza tras las nubes>,
jugueteando en cada rincón del cielo
<para mí, tus piernas,
para ti, mis besos>,
asumiendo cada momento como el último.

Hasta que las alas aguanten

Dudaban de su locura,
pero tal vez
el mundo era demasiado corriente para ellos.

Tenían besos,
esperanza,
ilusión,
pasión,
fuego
y refugio.

<Todo esto es una locura>,
se repetían continuamente.
Quizás hasta lo fuera,
y tal vez
era una locura que jamás un mundo sano iba a entender.

Ambos lo tenían claro,
surcar el cielo
<hasta que las alas aguanten>
y, si un día hemos de caer,
que sea porque ambos nos dimos hasta el último latido.

Eras

Eras un
«te quiero»
que no sonaba,
pero que soñaba
con reventar el sonido.

No

No morí hasta que recorrí tus caderas.

No resucité hasta que escalé tus pechos.

No divisé el infinito hasta que me besaron tus labios.

No temblé hasta que me asesinaron tus ojos.

No creía en el amor hasta que te vi.

Cuando ella paseaba

Cuando ella paseaba <engalanada>
con sus ojos verdes y su boca roja,
medio universo se paraba a admirarla.

Las calles guardaban silencio,
                    las flores germinaban a su paso,
los versos se inclinaban a sus caderas,
                    el viento le susurraba piropos,
el sol se daba media vuelta
        y el cielo se pintaba de sus colores favoritos.

Cuando ella paseaba,
se paraba medio universo,
y no me extraña,
porque era una maldita maravilla
hecha mujer.

Promesas

~~Para siempre.~~
Hasta que dure el amor.

Justo ahí

Nos enamoramos el uno del otro
<sin buscarlo, sin esperarlo,
tan de repente, tan intensamente...>

Una noche,
los pájaros negros
se posaron en mi hombro
<como en la mente
se posan las dudas>
y no supe pedir auxilio,
o tal vez
no lo encontré,
porque quizás ya
                había más diferencias que similitudes.

Me puse a buscar una razón
y me encontré un co(razón),
que me iluminó todos los centros
<no puedo negarlo>.

                                        Justo ahí,
                                        me perdí.

Justo ahí,
te dudé.

                                        Justo ahí,
                                        te busqué,
                                            y ya
                                    no te encontré.

Justo ahí,
te perdí.

                              Justo ahí,
                                 te herí.

Justo ahí,
me fui.

                              Justo ahí,
                           me arrepentí.

A un lado, la herida.
                        Al otro, el puñal.

      En medio, nuestros corazones.

VUELO ESTACIONARIO

Tengo una penilla, pena,
por los rincones del alma,
tengo una penilla más mala,
que yo no sé cómo matarla.

CAMARÓN DE LA ISLA

Durante el vuelo,

hay momentos

en los que las dudas
avasallan los cuerpos en suspensión.

Las dudas matan al corazón,
secan los labios,
vacían los amores,
desalojan las caricias
y deshabitan el querer.

Intenta(s) mantenerte en suspensión,
pero las dudas te llevan consigo
a lo más profundo,
allí donde la luz no alcanza a ser vista.

Una vez las dudas te atraviesan el pecho,
la herida comienza a brotar
<y con ella, la sangre>.

La sangre al igual que los ríos
<ni para ni cesa>
solo sigue un camino:
la despedida.

Fuiste

Tú.
Mi mayor acierto.
Yo.
Tu (más bello) ~~mayor~~ error.

De ser a fuimos

Quiero dejar en papel todo lo que un día fuimos,
por si la muerte se adelanta
o la memoria me condena.

Fuimos
mar de besos
latidos cabalgando
verano intenso
abrazo de invierno
pasión desmedida
puerto de descanso
café de domingo
rocío de mañana
llama de ilusión
versos en uno de los poemas más bonitos del mundo.

Fuimos dos corazones
cruzando la avenida
<con el semáforo en rojo>
a sabiendas de que ninguno de los dos
dejaría solo al otro,
hasta que sucedió.

Te ~~quería~~ apreciaba

La realidad que entendí con el tiempo.

Tan lejos del querer,
y a la vez, tan cerca del apreciar.

Existe un abismo entre ambos términos.
Cientos de sentimientos separan una palabra de la otra.
Miles de momentos distancian un verbo del otro.

Aquel día llegó.
Lo sentí.
Yo no te quería,
te apreciaba,
porque entendí
que el aprecio es querer sin desear.

Adiós

¿Cómo se pronuncia
un adiós
antes de marcharse?

Nos dijimos adiós
en el lugar
que comenzó todo.
Con prisas,
con lágrimas en los ojos,
con el corazón caliente,
con la verdad en la boca.

Aquel día,
traté de mudar
todo aquello con lo que habitamos
nuestro hogar,
aunque una parte de mi <corazón>
se quedó en tu mesita de noche.

<Es la hora>
gritaba el reloj.
De repente,
las paredes
empezaron a llorar,
las flores cambiaron de estación
y el pasillo
enmudeció.

Con un cristal de por medio,
entoné un «te quiero»,
que quizás
llegó tarde,
pero fue sincero.

¿Conoces lo del cristal y el prisma?
Ni blanco ni color,
la realidad siempre
estuvo en tu vista.

Seguramente
no llegó
o sonó
como un te hiero,
lo que me duele más aún.

Subí esa cuesta
con el cuerpo aullando de dolor,
miré por el espejo,
pero tú ya no estabas.

Te fuiste.

Me fui.

Nos alejamos,
pero no pude
entonar un adiós,
antes de marcharme.

PARACAIDISMO

Fue sentirme solo estando contigo,
fueron los disparos sin ningún motivo,
fue la herida abierta sin un consuelo,
fue ya no me mates con un te quiero.
Fue ya no te importo lo suficiente,
fue me estoy muriendo, a mi quién me entiende,
fue el silencio a gritos del dormitorio,
fue la vida idílica de los otros.

MANUEL CARRASCO

¿Volvería a volar <contigo>
si supiera que iba a besar el infierno tiempo después?

¿Volvería a entregarte mi corazón
aquella noche de invierno?

¿Volvería a imaginar futuros contigo
si supiera que <años más tardes> mis ojos llorarían sal?

¿Volvería a estar contigo aun sabiendo
que habría una despedida ya anunciada?

¿Volvería a recorrer el palacio de tus caderas
si supiera que mis manos se quedarían
desamparadas de tus caricias?

¿Volveré a volar tras la caída?

Tras hacer paracaidismo severo,
decidí quererme.

Soy porque fui

No importa estación
hora ni día,
cuando el dolor asoma sus dientes,
no hay piel que resista el combate.

No importa estación
hora ni día,
sigo extirpándome
mis lamentos,
mis lágrimas y mis espinas.
Estos versos no son excusas,
solo entendimiento intrínseco.

Soy puñal porque fui herida,
soy rencor porque fui fusilado
por un torpe corazón
<que ni siquiera
supo amarme>.
Soy llanto en piel ajena
<que antes bendecía>
porque fui lágrima en mi rostro.
Soy desilusión y sueños incumplidos
porque fui ángel desgarrado y precipitado
<por ella>.
Soy recuerdo latente
porque fui soldado malherido sin huellas.
Soy pasado porque fui
presente repleto de ausencia.

Soy porque <un día> fui.

Cada vez

Cada vez que recuerdo tus labios temblorosos,
me inunda la culpa y mi pecho
se llena de un negro vacío que me contamina las venas.

Cada vez que recuerdo tus ojos verdes,
me avasalla la nostalgia y mi corazón
se pausa para no sangrar más.

Cada vez que recuerdo tus besos,
me inunda el recuerdo de una pasión ya pasada y mis manos
se llenan de caricias inexistentes.

Cada vez que recuerdo tu nombre,
me sabe a menos el mundo y mis pestañas
ya no saben cómo guardar más lágrimas.

No cabe una gota más de dolor en mí.

Aquella noche

Aquella noche
me dormí
bajo el compás
de sus latidos.

A partir de ahí,
comprendí
que sin ella
me iba a morir.

Aquí estoy,
muerto en vida.

Náufrago por malas decisiones

Mi interior ocultaba el miedo
como quien guarda un tesoro.
Nunca te confesé que tengo miedo
a la inmensidad del mar
<esa inmensidad creada
por las lágrimas de mis ojos,
esa inmensidad donde nunca alcanzo a dar pie,
donde creo ahogarme y morir>.

Siempre ansié conocer a alguien
que explorara a esa profundidad
<aun con el miedo que suponía>
donde pocas <salvo tú> se atrevieron a nadar.

Contigo
me lancé a la deriva,
y en aquel mar verde <como tus ojos>
vislumbré tus heridas junto a tus sueños más profundos.

¿Cómo me iba a ahogar
si tenía tus besos como salvavidas?

Inquieto,
nadé en la dirección opuesta a nuestro camino,
nadé oyendo susurros de sirenas
y finalmente ~~me te~~ perdí.

Las olas me agitaron y me asestaron
el golpe definitivo,
y ahora
me veo solitario en una orilla,
sediento de tus besos,
titiritando de frío y con miedo
ante la oscuridad de la noche.

Soy un náufrago por malas decisiones.
¿Podré sobrevivir sin ti?

Fuimos diferentes

Yo que trato de vivir de las palabras
me sentí herido por las tuyas.

<Somos muy diferentes>
Me gritaste una noche oscura.

¿En qué sentido éramos diferentes?
¿En la forma de amar(se)?
¿De vivir?
¿De concebir y luchar por los sueños?
¿De sostener el silencio?
¿De escapar de la rutina?
¿De recordar(nos)?
¿De decirnos adiós?

Siempre fuimos <y seremos>
diferentes al resto,
diferentes a todos esos corazones
que atravesaban la avenida sin brillo ni apego,
por eso lo nuestro fue tan especial.

Pero un día
las diferencias se hicieron heridas,
y ni tu mano ni la mía
podían parar ese disparo que atravesaría nuestro futuro
por el centro del pecho.

Una vez la bala hiere,
la herida
<no retrocede ni pausa>
solo avanza.

Querer(se)

Qué complejidad
<y qué valentía>
eso del querer(se).

Y qué bonito cuando se construye corazón co(n) razón.

Qué sensación esa
de creerte que nadie te puede alcanzar.
Qué vacío cuando se dice adiós
y no sabes si será para siempre.
Qué dolor el recordar(te).

Qué triste esta puta vida
sin ti,
sin tus manos,
sin tus besos,
sin tus ojos.

Qué putada todo.

Desde entonces

Desde entonces,
los ojos me lloran sal,
los labios me saben a sangre,
los silencios me apuñalan el pecho,
las letras me reclaman tu nombre,
las dudas me roban el sueño
y las manos me tiemblan al pensarte.

Ahora

Ahora que el silencio se hará eterno.

Ahora que el frío será habitual.

Ahora que los besos serán recuerdos.

Ahora que el tiempo ha consumido todos los relojes.

Ahora que los sueños cerraron sus puertas.

Me atrevo a decir
que ahora es cuando más me duele la herida.

Liberarme del peso

El olvido es un lugar
demasiado grande,
demasiado injusto
para todo lo que de verdad
ha sido amado.

SARA BÚHO

No sé nada de ti
<y quizá ni quiera>.
                    Prefiero vivir en la ignorancia
                    antes de saber que otras manos
            recorren tus caderas durante toda una vida.

Mis ojos fueron mar de lágrimas
tras decirnos adiós,
y su luz todavía no es capaz
de alumbrar ante tal oscuridad.
Me bebo los atardeceres
para nutrirme de colores bellos,
que de grises tengo
las pupilas completas.

Mi corazón
<que tanto te ha llorado>
bajó su ritmo cardíaco
para sobrevivir ante tal sobresalto
<el no verte nunca más>.

Mi cuerpo ha tenido que migrar
de la piel para no recordar más
las caricias tan extenuantes
que le otorgabas
<tus manos me liberaban de la piel muerta
y a la vez me daban otra vida>.

Ya no me quedan
                    lágrimas en la cuenca de mis ojos,
                              saliva en la boca,
                              recuerdos bonitos,
                    besos en las palmas de las manos,
                              más palabras que escribirte.

No quiero recordarte más
<de verdad>.
                    Me hice y te hice demasiado daño
                              porque te quise querer,
                              pero no supe hacerlo.

Es hora de que te marches
<la puerta está más abierta que nunca
y, una vez se cierre,
no quiero volverla a abrir>.
                    Solo te pido que no pegues
                              un portazo,
                    no quiero más ruidos.

No sé si llegué a quererte alguna vez
o si el querer se convirtió en aprecio.

Para alzar el vuelo,
debo liberarme del peso

<la culpa,
la herida abierta,
tu nombre>.

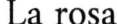

La rosa

¿Qué hago clavándome la espina
de la rosa que sujeto con mis manos?

Ahora no vengo a llorar

Ahora no vengo a llorar el duelo,
sino a agradecer lo vivido
\<que fue mucho y muy bonito\>.

No puedo negar
que no te he pensado
y, aunque te haya echado de menos,
ya no te necesito.

> Con estos versos sinceros
> vengo a despedirte
> porque, tras mucho tiempo,
> ahora siento
> que es el momento
> de decirnos adiós.

La culpa está asumida
\<trabajada,
interiorizada,
aprendida\>,
el dolor sigue en el pecho
\<aunque convivo con él\>
y tú
permaneces
en un rincón de mi corazón.

No te guardo rencor, ¿por qué debería tenerlo?
Te comprendo,
te reabrí heridas pasadas
y te hice sentir

alguien que no deberías haber vuelto a ser.
Te cubrí de dudas
cuando tú
lo tenías claro.

Gracias por cada beso,
cada caricia,
cada palabra,
cada pensamiento,
cada recuerdo bonito.

Quizás amar
sea esto:
agradecer lo vivido.

REMONTE
(ALZAR EL VUELO)

Vivir sin ti es vivir conmigo,
es salir de ahí, de ahí, de ahí,
de un agujero que estaba metido.

ANTOÑITO MOLINA

Volvería a caer cien veces al abismo
<si fuese necesario>
con tal de echar de nuevo a volar.

Porque la vida
forma parte del vuelo,
y el vuelo en sí de la vida.
No temo la caída,
quiero volar
sin miedos,
sin prejuicios hacia uno mismo,
amando cada aleteo desde el nido hasta el cielo,
con cada atardecer rojo sangre y púrpura,
con cada momento que sucede mientras tocas las nubes,
con cada bajada,
con cada subida,
con cada cosquilleo que te recorre la piel.

Tengo plena confianza en mis alas
<porque sé que yo y solo yo
tengo el poder para alzarlas
libremente>.

Quiero volar
como los vencejos que cruzan las nubes
<haciendo más bellos los atardeceres con su vuelo>
tratando de descubrir nuevos horizontes.

Como decía Federico García Lorca:

«Dejadme las alas en su sitio,
que yo os respondo
que volaré bien».

¿Quién fue ese?

¿Quién fue ese?
Me pregunto aún.

Durante unos meses,
fui
una misma persona con dos personalidades
y vidas distintas.

Un extraño nació de mi ser.

¿No me sentía suficiente?
¿Qué buscaba?
¿Quizás anhelaba una clavícula
repleta de palabras donde descansar?

Besé a la vez que pecaba,
aullé a la vez que sanaba,
sentí a la vez que soñaba,
mentí a la vez que escribía.

Ese extraño sin (co)razón,
empujado por la locura
y el animal salvaje irracional
que todos llevamos dentro,
me hirió,
y ahora,
meses después de sus imprudencias,
soy yo quien
paga las consecuencias
<echarte de menos toda la vida>.

¿Quién fue ese <ser>
que derramó tanta sangre
a costa mía?

No me conozco.

Ven la bala
con los ojos de la muerte

Ven la bala con los ojos de la muerte,
esa que
va directa
al pecho y te fulmina.

                    Pero no ven la bala a través de la vida
                                        esa que
                                        te mata
                                por primera vez,
                            te hace una herida
                                y, finalmente,
            la herida (un día) se convierte en flor.

Empezar de cero tras un balazo
<sea cual sea el motivo> cuesta,
pero como todo principio.

                        ¿Prefieres esperar otro balazo?
                        Que seguramente llegará…

¿O prefieres empezar a ~~sobre~~vivir?
La vida se acaba, aunque nos creamos inmortales.

¿Por qué?

¿Por qué no me quitas
la soga del cuello?

           ¿Por qué no me extirpas
           las espinas que tengo clavadas?

¿Por qué no me exhalas
estas nubes negras del alma?

           ¿Por qué no me desatas
           las manos y de paso el corazón?

¿Por qué no me lames
estas quemaduras?

           ¿Por qué no tiras la culpa
           por la borda de mi mal de lágrimas?

¿Por qué te fuiste?

           ¿Por qué?

           Me dije a mí mismo.

Antes de marcharte

No olvides pagar tu pena,
que ya con la mía tengo suficiente.

No olvides dejarme tu enseñanza,
que una errata no es un error,
sino un nuevo aprendizaje.

No olvides quitarme todas tus espinas,
que mi cuerpo son malas hierbas.

No olvides expiar todos tus pecados,
que tu insomnio me apuñala <noche sí>
<y noche también>.

No olvides conjugar con crecer,
o el marcharse no tendrá sentido.

No olvides cerrar la puerta
<y echar la llave
de mi alma>.

                    Antes de marcharte,
                    te reclamo un abrazo
                    <fuiste parte de mí,
                    fuiste mi yo, ya pasado>.

Es hora de la hoguera.
Arde.
Que se vaya lo malo
y se quede lo bueno.

Cabalgan sobre mi pecho

Cabalgan sobre mi pecho
unas inmensas ganas de querer,
de querer bonito y sin miedos,
de besar(te) con los ojos cerrados,
de amar hasta la sombra de tus pestañas,
de huir de la puta tristeza.

                          Necesito avanzar.

Cabalgan sobre mi pecho
unas inmensas ganas
de pausar el reloj,
de lamer mis heridas
<para que no brote más sangre
ni regresen más noches de ausencia>,
de ser valiente,
de tirarse al vacío y confiar.

                       Todo va a salir bien.

Cabalgan sobre mi pecho
unos latidos que ansían
una salida,
y una vez aprecien la luz
no habrá quien los detenga
<ni si quiera yo,
y menos tú>.

Nadie

Nadie merece tanto la pena
como para perderte <a ti mismo>.
Nadie.

No más ayeres

Ni a ella(s)
le(s) puedo reprochar nada
ni a la vida
por no mantenerme en suspensión.

¿Quién me creó?
Si solo soy algo minúsculo en mitad del cielo.

Basta ya
de lamentarme de ayeres,
de seguir mirando tus ojos
buscando el perdón,
de fingir ser alguien que no fui
<cuando fui yo>,
de buscar el hilo de la vida
en una rotura que no tiene remiendo.

Fui yo
quien manipuló mis propias alas.
Fui yo
quien causó mi caída <y a la vez, mi herida>
y la de ella(s).

Seré yo
quien remiende mis alas deshilachadas
de pecados caducos.
Seré yo
quien vuelva a echar de nuevo a volar.

A fin de cuentas,
con mis defectos
y mis aciertos,
soy el dueño de mis actos.

Tras la catástrofe

Mis decisiones se llevaron mi vida por delante
<y también la tuya, a ti incluida>,
perdón-a-me.

Tras la catástrofe,
la tristeza se posó en mis pestañas
y no había manera de volar sin ella.
Tras la catástrofe,
muchas manos se acercaron
<me sentía arropado>,
pero el aliento dejó de estar cerca
y me sentí como un pájaro
del que nadie se acuerda de cuidar.

Entendí que debía ~~sobre~~vivir
<sin ayuda de ninguna mano>,
que era yo quien debía volver al nido de mi verdad
<a la verdad de quien era y de quien,
a partir de ahora, quería ser>.

Tras la catástrofe,
comprendí que era yo a quien debía amar

<para en otro cielo,
de nuevo poder volar>.

Tras la catástrofe,
prometí amarme.

No quiero ruidos

Me he acostumbrado tanto al silencio
que el latido de cualquier corazón ya no me vale
<antes tampoco, pero, ahora, mucho menos>.

No quiero ruidos.

Que no se nos olvide vivir

Por la vida pasamos de puntillas.
No somos eternos ni lo seremos.

La linealidad y la conformidad es afán del humano,
pero la vida se encarga de decirnos que no,
que esto va de subidas y de bajadas,
de volar y de caer <y no pasa nada>,
de soñar y desilusionarse,
de llorar de alegría y de dolor,
de celebrar y de recordar,
de vivir y arrepentirse <lo menos posible>,
de pedir perdón y de saber perdonar,
de amar e incluso de echar de menos.

Lo que tenga que llegar va a llegar <tarde o temprano>,
pero no podemos pasar por la vida sin tratar de vivir.

Por favor,
que no se nos olvide vivir.

OTROS POEMAS
A LOS QUE PUSE ALAS

Un atardecer grisáceo

A mi compañero del alma, mi Yaki.

El día después de marcharte
<que no de mi corazón
ni el de los demás>,
te uniste al atardecer
anaranjado, grisáceo, azul y con nubes
más bonito que he visto jamás.

Tú
entendiste que los atardeceres
me gustaban tanto como tus caricias
en mi herida
<aquella que sabías
que con tus lametones podías curar>.
Por eso
decidiste
colarte en uno de ellos,
para que te reconociera,
para que supiera que estabas en el cielo,
pero a la vez
en la tierra
<aquella que nutre a nuestra higuera,
que ahora está más viva que nunca>.
Y lo hice,
lo grabé en mi memoria,
en mi alma, en mis centros,
para que nada ni nadie
pudiera robarme ese atardecer de mi retina.

Ese día,
el cielo comenzó a llorar
\<te juro que vi cómo una nube
lloraba por ti, por mí, por nosotros\>
y el atardecer se despedía del día
con una herida recubierta de una gama de grises
\<tan bonitos como tu pelo\>.

Te tenías que marchar
\<me lo gritaba el atardecer\>,
así que, con todo el cariño del mundo
\<ese que tú nos dabas en casa\>,
lancé este poema al cielo \<junto a mi corazón\>
para que mis palabras se quedaran para siempre contigo.

Te querremos por siempre, pequeño.

Tengo miedo

A mis padres.

Tengo miedo a no recibir un beso de mi madre.

Tengo miedo a no escuchar la voz de mi padre.

Tengo miedo a despertarme una mañana
y ver que ya no estáis.

Tengo miedo.

No habrá beso
como el de mi madre

A mi madre, Francisca.

Dentro de ti crecí
y en tus manos viví.

Por más inmenso que fuera el cielo,
nunca dudaste de mí un momento.

Por más rota que tú estuvieras,
siempre tenías en tus labios un beso.

Me llenaste de vida con un hilo invisible
que cruzaba de norte a sur tus adentros,
y sin apenas saber cómo sería,
me juraste quererme hasta el último aliento.

No habrá beso como el de mi madre.

Siempre está

A mi padre, Joaquín.

Mi padre es el verbo estar.

Siempre está para todos.

Es su forma de querer.

Siempre está.

La aurícula izquierda

A mi hermana, Rocío.

Si yo soy lágrima,
tú
eres mi hombro.

Si yo soy el ojito derecho <de ya sabes tú quién>,
tú
eres la aurícula izquierda,

porque sin ti
ni ella ni nadie sabe vivir.

Soy yo el poeta que quiere
que sus versos te salven a ti,

porque a ti
ni te peina el viento
ni te frenan con una zancadilla,
porque, aparte de rebelde como tú sola,
eres valiente y luchadora.

Solo quiero con estas palabras
agradecerte lo vivido,
lo que ya está sanado
y lo que nos queda por venir,

porque tienes tantos sueños por cumplir
que el cielo se te va a quedar corto.

El mayor de los tres

A mi hermano, Jorge.

El mayor de los tres
y el primero en vivirlo todo.

El ojito derecho <aunque creas que no>.

Tú siempre estás para mamá y para papá,

y con eso me basta.

Homenaje en vida

A mi tío abuelo Margarito.

De pelo rizado y grisáceo
<como mi futura vejez>.

       De armadura robusta y firmes creencias
    <aunque solo aquellas que tus ojos alcanzan a ver>.

De andares conocidos y palabras propias.

          De corazón noble, aunque severo.

De carisma constante y vitalidad impropia de tu edad.

          De vida libertina y austera
    <alejada de los lujos que todo el mundo anhela>.

De silencio profundo y soledad casi autoimpuesta
<fruto de un querer que no supo amarte>.

             De familia
      <aunque lo niegues a regañadientes>.

Plasmo aquí mis palabras hechas versos
para rendirte culto y homenaje en vida,
porque también tengo miedo
a que un día te marchites <para siempre>
como esas flores a las que tú has dedicado parte de tu vida.

Por eso, si te marchas
<ojalá más tarde que pronto>,
además de llevarte contigo un trozo de mi corazón,
puedes llevarte estas palabras sinceras de alguien
                                        [que te quiere.

Desde mi universo te pienso

A quien nos va a robar el corazón para quedarse con él.

Sin saber cómo serás,
desde mi universo te pienso
y me iluminas hasta el último rincón de mi alma.

Te pienso entre mis palabras
y escucho tu voz por primera vez,
y lloro de emoción.

Cierro los ojos y puedo ver los tuyos
encarando este mundo que está loco por verte crecer.

Me agarro a la ilusión de querer verte e imagino
tus dedos minúsculos buscando los míos
y sin tocarnos no quiero separarme de ti jamás.

Si te quiero así aun sin que hayas nacido,
no quiero ni pensar cuando estés con nosotros.

El amor que siento
no entiende de conjugaciones verbales,
ya que no eres ni presente
y presiento que serás nuestro futuro más bonito.

Otra vez me equivoqué

El pasodoble que mi corazón canturrea
cuando no encuentra respuesta.

Otra vez me equivoqué
al creer que el amor
de nuevo volvía...

Al principio creía
que todas mis dudas se disiparían,
se disiparían y de nuevo se irían,
se disiparían y de nuevo se irían...

Y por dos besos,
ay, al querer yo jugaría,
con un <te quiero>
al rojo yo apostaría,

          sin darme cuenta,
          la herida se abría,
          sin darme cuenta,
          de nuevo se abría...

Otra vez aquí
dueño y esclavo de mis sentimientos,
preso y malherido
por el recuerdo de ciertos momentos,
y aunque no duela
mi corazón se encuentra herido
y no hay consuelo
para el pobre corazón mío,

que no hay consuelo
para el pobre corazón mío,

        que no hay consuelo
           para el pobre
           corazón mío.

Vencejos desafectivos

Qué pena de este mundo,
en el que nadie se trata con verdad.

                    Cada vez somos más pájaros
                        y menos humanos.

Los vencejos cada primavera,
con el olor a azahar, vuelven
a la que ha sido su casa, Sevilla.
Se les conoce. Se les espera.

                    Cada vez menos humanos
                        y más pájaros.

Los corazones aparecen en cualquier estación,
en cualquier lugar, sea o no su casa.
No se les termina de conocer. Y a veces ni se les espera.
Aparecen <por interés>,
<por querer olvidar a otro corazón>,
<por aventurarse>,
<por placer>,
pero, el día menos pensado, desaparecen.

Al igual que los vencejos
que una vez que salen de su nido
ya no vuelven nunca más
porque buscan otro lugar, otra vida, otra historia,

la vida de los humanos consiste en eso,
en migrar de un cuerpo a otro,
sin percatarse del daño
que <con su estela como los vencejos> van dejando.

<Que cada cual se cure sus propias alas>,
le gritan al viento.

Estamos ante una bandada
de la que, por ahora,
nadie puede escapar.

¿Quién se va a atrever a sentir así?

La herencia que nunca quise

Quiero que mis versos ayuden a remover conciencias.
Ahora entenderás por qué.

Estos versos se escriben desde la vergüenza más profunda
de un hombre
<si es que a veces nos podemos llamar así,
porque más bien podríamos ser animales sin razón>.

Nacemos inmaculados, puros, limpios,
y poco a poco, a través de vivencias,
                        palabras crueles
                                y genética,
                                    ennegrecemos
                                        nuestra alma.

El machismo se hereda al igual
que cualquier título póstumo,
pero somos nosotros quienes decidimos
si abrazarlo o renegarlo.

El machismo no contempla el perdón
o quizá sí, pero solo para autocomplacerse.

¿Cómo se puede tratar a quien compartió la vida contigo
de algunas formas tan despreciables?
¿Qué extraño desencadenante permite tal aberración?

Todos pecamos en alguna ocasión de machismo,
pero no todos tienen la autopercepción de reconocer
que esas formas no son las correctas.

Ellos hacen todo correctamente,
pero ni ellos ni ellas,
la perfección es solo un cuento mal narrado.
Todos somos un cúmulo de errores.
Todos somos imperfectos.

Ya termino con esta herencia que nunca quise
<y que trato de moldear a mi forma de ser>.

¿Te has preguntado alguna vez si estás a la misma altura
que la persona que está a tu lado?

Desear, querer y amar

Todos deseamos amar y que nos amen,
es nuestra naturaleza <nadie puede negarlo>,
aunque a veces seamos nosotros quienes
compliquemos lo sencillo que debería ser amar,
                              querer y que nos quieran.

Suena sencillo, ¿verdad?

Confundimos tres verbos *a priori* iguales:
desear, querer y amar.

Los deseos son para cumplirlos
<o eso nos enseñaron de pequeños>,
y parece que, una vez que se cumplen,
dejan de tener valor.

                    Amar y querer podrían ir de la mano,
                              pero a la vez no.

Si paseamos por la etimología del latín,
amar proviene del verbo <*amare*>,
que significa cuidado y protección,
mientras que querer proviene
de los verbos <*volo, vis, velle, volui*>,
que hacen referencia a mostrar
una intención firme y profunda por algo.

        Se puede querer a alguien con todas las fuerzas,
                    pero si no cuidamos ese querer,
                              nunca se llega a amar.

Para amar,
primero hay que mostrar una intención firme
y profunda hacia alguien <querer>,
y luego mantener el cuidado y la protección
que merece dicho amor.

Enredado por tus sentimientos,
deseo quererte para poder amarte.

He sido playa

Mar bravío.
Caricias en plena ola.
Sal para las heridas.
Lagrimal de agua clara.
Susurros de cantos de sirenas con palabras falsas.
Castillos de arena.
Fósil convertido en caracola.
Alimento para corazones más grandes.
Sol y luna.
Amanecer de sol radiante.
Atardecer de sol cansado.
Viento arrebatador.
Beso de arena fugaz <como ese reloj>.
Inmensidad <aquella que nadie se atreve a explorar>.
Boya para otros.
Salvavidas para mí.
He sido playa
        de otoño para desnudarme de mis miedos,
    de invierno para congelar mis dudas permanentes,
            de primavera para volver a ilusionarme,
    de verano para volver a brillar tanto como el sol
                    en pleno julio y agosto.

A veces

A veces,
solo hacen falta horas para saber
que quieres ver una sonrisa al despertarte cada mañana
<al menos así siento yo>.

A veces,
el brillo de unos ojos refleja la inmensidad de un corazón
tan bonito y tan profundo como el mar,
un corazón al que te entran ganas de abrazar
<cualquier domingo>
para que todo se quede en su sitio,
                    para que nunca vengan más dudas.

A veces,
aunque la vida la despeine,
ella tiene algo dentro
que es capaz de iluminar media ciudad en la noche.

A veces,
dudo,
pero hoy lo tengo tan claro…

Yo que no soy ningún pirata <aunque sí curioso>
quiero descubrir cada rincón tuyo
como aquel niño que se asoma por primera vez al mar
y se le iluminan los ojos ante tanta claridad.

                    Pero qué pena
                        que tú
                    no pensabas lo mismo.

Las preguntas
que le hago al amor

¿Por qué no me dijiste antes de vernos
que habías premeditado tu huida?

¿Por qué te limitas a querer sentir como en el pasado
si ambos hemos evolucionado tanto que somos otros?

¿Por qué te empeñas en ampliar la distancia
y enfriar los sentimientos
si yo quiero una vida junto a ti?

¿Por qué me curas antes de lastimarme?

¿Por qué no dejas tus miedos a un lado
y te atreves a querer(me)?

Has vuelto loco mis sentidos

Miro tus ojos y veo
una decena de futuros contigo,
y en todos ellos
somos felices

              porque decidimos querernos.

Acaricio tus manos y siento
un temblor que me recorre el cuerpo entero,
como si de un calambre en el alma se tratara.

Oigo tus palabras y escucho
a tu corazón susurrarme en voz bajita
una pregunta para la que no tengo duda alguna.

Huelo tu piel y resguardo
su olor para las noches en las que nos echemos de menos.

Noto tu labios y experimento
un caudal de emociones que anhelan
recorrer tu cuerpo bajo una sábana de besos prohibidos.

Sueño con tu sonrisa y percibo
que solo con ella ya tengo bastante,

                    que el mundo me sobra
                        si estás tú.

No quiero llegar
a conocerte nunca

No quiero llegar
a conocerte nunca
para que nunca te acabes.

ELVIRA SASTRE

No quiero que lamas mis heridas,
quiero que me acompañes en mis sueños.

No quiero que me ames por encima de ti,
quiero encontrar un equilibrio para que ambos
no nos perdamos jamás.

No quiero que me salves la vida,
quiero que me la hagas más bonita.

No quiero que me otorgues las llaves de tu cuerpo,
quiero divagar por cada uno de los lunares de tu piel
bajo la madrugada.

No quiero que me consideres una duda constante,
quiero que me veas como tu hogar habitado de certezas.

No quiero que me extirpes cada espina clavada en mi rosal,
quiero que me dejes entender cada lágrima de tu llanto,
cada latido de tu corazón,
cada pensamiento que te hiere.

No quiero llegar a conocerte nunca,
para que así
nunca te acabes.

Después de las tormentas,
llegan las flores

Después de las tormentas, siempre llegan las flores.

Te vi caminando bajo tu mar de lágrimas
porque creías que eso era amor,
pero el amor ni hiere ni es una prisión con celdas de dolor.

Lloraste con tanta rabia y tan fuerte
que lo único que ahora puede brotar de tus ojos
son flores.

Lejos de él, hay toda una primavera
deseosa por verte florecer.

Da igual cuántos abismos hayas vislumbrado,
da igual lo cerca que hayas estado de perderte,
lo que importa ahora
es que la vida te debe un cielo despejado de dudas,
la vida te debe la parte bonita,
la vida te debe que te quieran como te mereces,
de una forma sencilla y real.

Estoy seguro de que tu jardín se llenará
de flores silvestres, únicas y bellas como tú,
porque sí,
porque, después de las tormentas, siempre llegan las flores,
y de todas
tú
serás la flor más bella.

Pese a todo

Pese a todo,
bebería cada una de tus lágrimas.

                    Pese a todo,
            mataría cada uno de tus miedos.

Pese a todo,
bajaría al pozo negro
<que todos escondemos>
a iluminarte.

                    Pese a todo,
                alzaría mi cuerpo
                    como escudo.

Pese a todo,
apuñalaría cada
una de tus tristezas.

                    Pese a todo,
                abrazaría cada uno
                    de tus miedos.

        Pese a todo, me quedo contigo
            hasta en tus días nublados.

Desde los ojos del amor

Jugaría con cada uno de los tirabuzones de tu pelo
antes de caer rendido en la cama.

Exploraría cada uno de los lunares de tu torso
bajo tu atenta mirada de felina.

Abrazaría cada uno de tus sueños
para acompañarte en tus logros.

Recogería cada uno de tus miedos
y los llevaría lejos de ti,
allí donde no sean capaces de volver.

Lucharía con cada uno de tus monstruos
para salvarte de las nubes grises.

Besaría cada una tus heridas
para librarte de la tristeza que no te mereces.

Veneraría cada una de tus imperfecciones
para admirarte ante los demás.

Será que mis ojos no pueden dejar de verte desde el amor,
o que tú eres tan especial
que a mis ojos no les queda otra salida.

No tengo prisa

No tengo prisa por quererte,
porque, si he de esperarte,
                               pararía mi reloj si hiciera falta.
No tengo prisa por explorarte,
porque cada rincón tuyo
                        es un lugar nuevo que descubrir.
No tengo prisa por sorprenderte,
porque cada sonrisa tuya
                           es un motivo de alegría para mí.
No tengo prisa por besarte,
porque cada beso tuyo
                         es un caramelo para mis sentidos.
No tengo prisa por sentirte,
porque cada caricia tuya
                     es un alzamiento emocional para mi piel.
No tengo prisa por comprenderte,
porque cada pensamiento tuyo
                      es un pretexto para seguir conociéndote.
No tengo prisa por amarte,
porque cada sensación tuya
                        es un argumento para mi corazón.
Aunque el tiempo corra a toda prisa,
no tengo prisas contigo,
                                          porque,
       aunque ambos vayamos a velocidades distintas,
          te prometo que no me importa ir a tu ritmo
          para que ambos nos acabemos encontrando.

Una trinchera coronada
con flores y espinas

Imaginaste que nunca llegaría a suceder,
pero aquel soldado que dijo que te quería
<después de tantos años>
depositó en tu pecho una granada y dejó que explotara.

¿Qué corazón es capaz de sobrevivir a tal detonación?

Justo debajo de una trinchera coronada con flores y espinas,
yacía tu cuerpo hecho pedazos,
junto a tus miedos más tenebrosos y tus sueños más limpios.
Un cuerpo que aullaba de dolor por dentro,
lloraba cada injusticia,
preguntaba a la tierra qué había hecho para merecer eso.

Tú
nunca me pediste que te salvara,
ni siquiera que me quedara,
                            fui yo quien eligió
                        recoger uno a uno tus pedazos
                            <tras estallar la granada>,
                        abrazar cada una de tus miserias
                        y besar cada una de tus heridas,
porque por ti
me jugaría la vida en el campo de batalla
con tal de verte sonreír
<aunque todos sepamos que nadie vuelve
igual después de una guerra>.

En el silencio
se encuentra
la verdad

Es en el silencio donde se encuentra la verdad.

Y en el mío
escucho a tu corazón palpitar de una forma tan bella
que logro entenderlo todo.

Contigo

Dicen que la poesía no basta con leerla,
que hay que vivirla.

Contigo quiero eso:
vivir toda la poesía que te escribo.

La facultad de la suerte

A mí mismo.
Por nunca rendirme.
Por creer, visualizar, atraer y luchar los sueños.
Por todo aquello que un día sacrifiqué.
Por siempre confiar en mí.
Porque, tras años luchando, lo conseguí.
Soy maestro.

La facultad de la suerte
abre sus puertas a las cinco y diez todos los días,
llueva, nieve o truene.

La facultad de la suerte
está repleta de personas que persiguen a su corazón
en busca de un sueño <entre ellas, yo>.

La facultad de la suerte
es un lugar diáfano donde todo el mundo tiene cabida,
pero donde muy pocos se atreven a entrar a fondo.

La facultad de la suerte
no tiene paredes que limiten sus sueños,
aunque sí
ladrillos de esfuerzo que sostienen la facultad
y el corazón de todos sus habitantes,
aquellos que le gritan al viento
que la suerte no aparece sola,

que hay que atraerla,
que hay que lucharla,
que hay que trabajarla.

A la hora de dormir,
donde dormir se duerme poco porque se prefiere soñar,
en el sueño siempre aparece el mismo mensaje de Séneca:

«La suerte es aquello que sucede
cuando la preparación coincide con la oportunidad».

Me marcho,
que la suerte, al igual que los sueños,
no aparece sola.

Tras habitar un cielo repleto de nubes grises,
confieso haber alzado el vuelo.

ÍNDICE

Prólogo	9
Despegue	13
A(mar)	17
El amor no se busca, el amor te encuentra	19
Libre de jaulas	21
Quiero ser	25
Planeo	27
Hasta que las alas aguanten	31
Eras	33
No	35
Cuando ella paseaba	37
Promesas	39
Justo ahí	41
Vuelo estacionario	45
Fuiste	49
De ser a fuimos	51
Te quería apreciaba	53
Adiós	55
Paracaidismo	59
Soy porque fui	63
Cada vez	65
Aquella noche	67
Náufrago por malas decisiones	69
Fuimos diferentes	73
Querer(se)	75
Desde entonces	77
Ahora	79
Liberarme del peso	81
La rosa	85
Ahora no vengo a llorar	87
Remonte (alzar el vuelo)	91
¿Quién fue ese?	95

Ven la bala con los ojos de la muerte   99
¿Por qué?   101
Antes de marcharte   103
Cabalgan sobre mi pecho   105
Nadie   107
No más ayeres   109
Tras la catástrofe   113
No quiero ruidos   117
Que no se nos olvide vivir   119
Otros poemas a los que puse alas   121
Un atardecer grisáceo   123
Tengo miedo   127
No habrá beso como el de mi madre   129
Siempre está   131
La aurícula izquierda   133
El mayor de los tres   135
Homenaje en vida   137
Desde mi universo te pienso   141
Otra vez me equivoqué   143
Vencejos desafectivos   147
La herencia que nunca quise   151
Desear, querer y amar   155
He sido playa   159
A veces   161
Las preguntas que le hago al amor   163
Has vuelto loco mis sentidos   165
No quiero llegar a conocerte nunca   167
Después de las tormentas, llegan las flores   169
Pese a todo   171
Desde los ojos del amor   173
No tengo prisa   175
Una trinchera coronada con flores y espinas   177
En el silencio se encuentra la verdad   179
Contigo   181
La facultad de la suerte   183

Esta edición de *Confieso haber alzado el vuelo*,
de Álvaro Jesús Recacha Zaá, terminó de
imprimirse en octubre de 2025.